教師のための携帯ブックス❼

クイズの出し方大辞典付き
笑って楽しむ体育クイズ417

蔵満逸司・中村健一著

黎明書房

はじめに

　○×クイズです。
　問題『オリンピックや水泳大会などで使われる50mプールは，ぴったり50mである。』
　なんと正解は×。正確には，50.02mあるそうです。
　タイムを計る装置のセンサーにあたるタッチ板の厚さが，0.02mあるのだそうです。

　ストレートクイズです。
　オリンピックは誰もが知っているイベントです。
　それでは，オリンピックの次の年に，オリンピックでは見られない競技だけで開催される世界規模のスポーツイベントは何でしょう？
　答えは，ワールドゲームズです。
「えっ？　そんな大会があるの？」
と思った子どもたちは，次にこう思うことでしょう。
「どんな競技があるの？」
　ワールドゲームズには，聞いたこともない種目がたくさんあります。いくつか競技を紹介すると，驚く子どもも多いことでしょう。

　本書には，かけっこからワールドゲームズ，また保健分野

のインフルエンザなど，体育に関係のあるクイズを29項目収録しました。

　クイズを楽しみながら，さまざまなスポーツや競技大会について知ることで，子どもたちはもっと体育が好きになることでしょう。また，保健分野のクイズを解いていくことで，自分の健康を大切にしようとする気持ちが育つことでしょう。

　第1部「クイズの出し方大辞典！」を山口県の中村健一が，第2部「体育クイズ417」を鹿児島県の蔵満逸司が執筆しました。

　2人の共著は，『42の出題パターンで楽しむ痛快社会科クイズ608』（黎明書房）に続いて2冊目です。ユニークな思考と抜群の行動力を持つ中村氏とは，東北福祉大学で同じ日に飛び込み授業をしたことが縁で出会いました。縁を作ってくださった同大准教授の上條晴夫氏に深く感謝します。

　執筆にあたり，原田珠代さん，大重博嗣さん，小畑徳香さん，大倉野博恵さんにはお世話になりました。ありがとうございました。

　本書の担当者である，黎明書房の村上絢子氏には心から感謝します。的確なアドバイス，ありがとうございました。

2010年5月1日

蔵満逸司

もくじ

はじめに 2

第❶部 クイズの出し方 大辞典！

○×クイズ編 …………………………………………… 8
❶ 挙手で答える ……………………………………………… 9
❷ ○×ポーズで答える ……………………………………… 10
❸ 5問出して，何問正解か勝負 …………………………… 11
❹ 全員起立！　生き残り勝負 ……………………………… 12
❺ ステップアップ …………………………………………… 13
❻ ステップアップ ー「0」からやり直し編ー ………… 14
❼ 班で相談 …………………………………………………… 15
❽ 班5人が正解を続けられればクリア ー即終了編ー … 16
❾ 班5人が正解を続けられればクリア ー「0」からやり直し編ー …………………………………………………… 17
❿ 班で何人正解が続けられるか勝負 ……………………… 17
⓫ 班対抗！　勝ち抜き勝負 ………………………………… 18
⓬ 班対抗！　生き残り勝負 ………………………………… 19
⓭ 移動 ………………………………………………………… 20
⓮ 移動 ー運動場編ー ……………………………………… 21
⓯ ○○君に賭ける！ ………………………………………… 22

3択クイズ編 …………………………………………… 23
❶ 挙手で答える ……………………………………………… 24

❷ 指で番号を出す ……………………………… 24
❸ 伏せて指で出す ……………………………… 25
❹ 班の合計点で勝負 －5分間の学び合いを促すー …… 26

ストレートクイズ編 ……………………………… 27

❶ 挙手して答える ……………………………… 28
❷ 先生の耳元に ………………………………… 29
❸ ノートに書く ………………………………… 30
❹ ノートに書く －5問勝負ー ………………… 30
❺ 班で何人正解できるか？ …………………… 31
❻ 班で1つの言葉を答える（1文字ずつ書いて） …… 32
❼ ハヤオシピンポンブー ……………………… 33
❽ ハヤオシピンポンブー －「○○ですが」－ …… 34
❾ 運動場ウォークラリー ……………………… 34

第❷部 体育クイズ417

運動・スポーツ

❶ 走る …………………………………………… 36
❷ 跳ぶ …………………………………………… 38
❸ サッカー ……………………………………… 40
❹ 水泳 …………………………………………… 42
❺ ドッジボール ………………………………… 44
❻ ソフトボール・野球 ………………………… 46
❼ バスケットボール …………………………… 48
❽ ソフトバレーボール・バレーボール ……… 50

- ❾ ハンドボール ……………………………………… 52
- ❿ タグラグビー ……………………………………… 54
- ⓫ バドミントン ……………………………………… 56
- ⓬ 卓球 ………………………………………………… 58
- ⓭ 柔道・剣道・空手 ………………………………… 60
- ⓮ ラジオ体操 ………………………………………… 62
- ⓯ 運動会 ……………………………………………… 64
- ⓰ 夏のオリンピック ………………………………… 66
- ⓱ 冬のオリンピック ………………………………… 68
- ⓲ パラリンピック …………………………………… 70
- ⓳ 大相撲 ……………………………………………… 72
- ⓴ 高校野球甲子園大会 ……………………………… 74
- ㉑ Jリーグ …………………………………………… 76
- ㉒ プロ野球 …………………………………………… 78
- ㉓ いろいろなスポーツ ……………………………… 80

保 健

- ㉔ 心と身体の発達 …………………………………… 82
- ㉕ けがの防止と手当て ……………………………… 84
- ㉖ 病気の予防 ………………………………………… 86
- ㉗ インフルエンザ …………………………………… 88
- ㉘ たばこ・お酒・薬物乱用 ………………………… 90
- ㉙ エイズ ……………………………………………… 92

クイズの出し方大辞典！

第1部

　クイズにはさまざまな出題法があります。
　子どもたちが喜ぶ，クラスが盛り上がる，そんなクイズの出題法をドドンと紹介します。
　シンプルな「○×クイズ」「3択クイズ」「ストレートクイズ」もこんな演出があれば，大盛り上がりです。

○×クイズ編

「卓球は中国で生まれたスポーツである。○か？ ×か？」のようなクイズです。（正解は×；イギリス）
「○か？ ×か？」の2択なので，どの子も参加できます。
○×クイズの出題法を15紹介します。

＊3～15は，「3択クイズ」にも使える出題法です。

1 挙手で答える

① 教師は授業中に突然,「いきなりですが, クイズです。ラジオ体操には,『第3』まであった。○か？ ×か？」と問題を出す。

② 教師は「○だと思う人？」と聞き, ○だと思う子に手を挙げさせる。

③ 次に「×だと思う人？」と聞き, ×だと思う子に手を挙げさせる。

④ ×だと思う子に手を挙げさせたまま正解を発表する。「正解は, ……○でした。戦前と戦後間もない頃には, ラジオ体操『第3』があったんだよ」と発表すると, 子どもたちから歓声が上がる。

2 ○×ポーズで答える

① 教師は「今から○×クイズを出します。○だと思ったら，頭の上に大きく○を作ってください。×だと思ったら，胸の前に大きく×を作ってください」と言う。
② 子どもたちは，イラストのような○×ポーズを練習する。

③ 教師は「では，問題です。バレーボールは試合中，足でボールを蹴っても反則ではない。○か？ ×か？」と問題を出す。
④ 子どもたちは○×ポーズで答える。
⑤ ○×ポーズを出させたまま，教師が正解を発表する。「正解は，……○でした」と言うと，子どもたちから歓声が上がる。

3 5問出して，何問正解か勝負

① 教師は「今から○×クイズを5問出します。たくさん正解した人が勝ちです」とルールを説明する。
② 教師は「第1問。ハンマー投げのハンマーの重さは，男女一緒である。○か？　×か？」と問題を出す。子どもたちは，○×ポーズで答える。
③ 教師は「正解は，……×でした。男子が7.25kgで，女子は4kgなんだよ」と正解を発表する。そして，「正解した数を覚えておいてね」と言っておく。
④ 教師は「では，第2問……」と5問まで出題と解答をくり返す。
⑤ 教師は「1問正解だった人？」と聞き，1問正解の人に挙手させる。2問正解，3問正解と聞いていき，「では，5問全問正解だった人，起立！」と言う。そして，全問正解者に拍手を贈る。

4　全員起立！　生き残り勝負

①　子どもたちを全員立たせる。

②　教師は「先生が今から○×クイズを出します。間違えた人は座っていきます。最後まで残った人が優勝です」とルールを説明する。

③　教師は「オリンピックの入場国紹介は，最初，英語で行われる。○か？　×か？」と問題を読む。そして，教師の「せーの，ドン！」の「ドン！」に合わせて，子どもたちは，○×ポーズをする。

④　子どもたちに○×ポーズを出させたまま教師が「正解は，……×でした。実はフランス語です。オリンピックの公用語は，フランス語って決められているんだよ」と正解を発表する。正解の○を出している子は，そのまま立っておく。不正解の×を出している子は，座る。

⑤　出題と正解発表をくり返し，間違った子は座っていく。最後まで立っていた子が優勝。

5　ステップアップ

① 教師は「先生が今から○×クイズを5問出します。1問正解したら，立ちます。2問正解したら，教室（体育館）の後ろへ行きます。3問正解したら，先生のところに来てあがりです。5問中にあがれた人がエライです」とルールを説明をする。

② 教師が「ボクシングの練習で使うサンドバッグには，砂（サンド）が入っている。○か？　×か？」と問題を出す。そして，「○だと思う人？」「×だと思う人？」と聞く。子どもたちは，自分が思う方に手を挙げる。

③ ×だと思う子に手を挙げさせたまま，正解を発表する。教師が「正解は，……×でした。実はサンドバッグは和製英語で，砂は入ってないんだよ。砂を入れると固すぎて，拳を痛めてしまうからね」と言うと，盛り上がる。

④ 正解した子は，立つ→教室（体育館）の後ろへ→先生のところに来てあがり，の順番でステップアップしていく。

⑤ あがった子は，教室（体育館）の前に立たせておく。5問出題が終わった時に，教室（体育館）の前に立っている子に賞品の拍手を贈る。

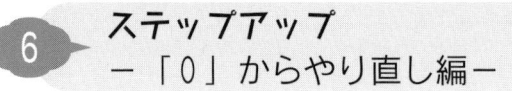

6 ステップアップ
－「０」からやり直し編－

① 基本的なルールは，5の「ステップアップ」と同じ。
② ただし，今度は1問間違えたら，スタート時点（座っている状態）に戻るというルール。
③ 教師は「イチロー選手は，長男である。○か？ ×か？」と問題を出す。子どもたちは，○×ポーズで答える。教師は全員が○×ポーズを出したのを確認して，正解を発表する。「正解は，……×。実は，次男なんだよ」と言うと盛り上がる。
④ 1問正解したら，立つ。2問正解したら，教室（体育館）の後ろへ行く。3問正解したら，先生のところに来てあがり。ただし，あがる前に1問でも間違えたら，自分の席に戻って座る。

⑤ 教師が10問出題する間にあがった子に，賞品の拍手を贈る。

7 班で相談

① 子どもたちは，班（5人）に分かれる。教師は班に1枚小黒板を配る。

② 教師は「第1問。ジャジャン♪ サッカーの試合がきっかけで戦争が起こったことがある。○か？ ×か？」などの問題を読む。

③ 子どもたちは30秒間，班で相談して，○か×を小黒板に書く。この時間，音楽が流れると楽しい雰囲気になる。または，教師が口ずさんでもよい。

④ 30秒後，教師は問題をもう1度読む。そして，「せーの，ドン！」と言う。教師の「ドン！」に合わせて，班の代表が一斉に小黒板を上に上げる。

⑤ すべての班が小黒板を上げたのを確認して，教師が正解を発表する。「正解は，……○。1969年ワールドカップメキシコ大会の予選後に，エルサルバドルとホンジュラスが戦争になってしまったんだよ」とちょっともったいぶって言うと歓声が起きる。

⑥ 何問か出題して正解数を競うと楽しい。

8 班5人が正解を続けられればクリア
－即終了編－

① まずは，1班がチャレンジ。1班の5人が前に出て，問題に答える順番に横一列に並ぶ。
② 教師の「プロ野球の試合で使われたボールは，再び公式戦で使われることはない。○か？ ×か？」の問題に1人目の解答者が○×の札を上げて答える。

③ 正解の○の札を上げていたら，教師は「ピンポン！」と言い，すぐに次の問題を読み上げる。2人目の解答者がそれに答える。正解すれば，3人目の解答者へ。
④ 1人でも間違えたら，その場でチャレンジは終了。また，1分以内に全員が答えられなくても終了。
⑤ 5人目まで正解が続けば，見事にクリア。2班，3班とチャレンジをくり返す。

9　班5人が正解を続けられればクリア
　　　－「0」からやり直し編－

① 　まずは，1班がチャレンジ。1班の5人が前に出て，問題に答える順番に横一列に並ぶ。
② 　教師の「フィギュアスケートの織田信成(おだのぶなり)選手は，戦国武将の織田信長の子孫である。○か？　×か？」の問題に1人目の解答者が○×の札を上げて答える。

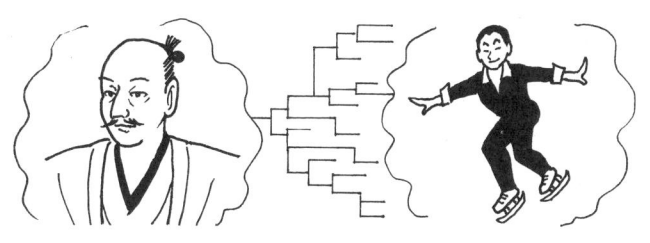

③ 　正解の○の札を上げていたら，教師は「ピンポン！」と言い，すぐに次の問題を読み上げる。2人目の解答者がそれに答える。正解すれば，3人目の解答者へ。
④ 　1人でも間違えたら，また1人目からやり直し。
⑤ 　1分以内に5人連続で正解できれば，見事にクリア。2班，3班とチャレンジをくり返す。

10　班で何人正解が続けられるか勝負

① 　まずは，1班がチャレンジ。1班の5人が前に出て，問

題に答える順番に横一列に並ぶ。
② 教師の「軟式テニスは，日本独特のスポーツである。○か？ ×か？」の問題に1人目の解答者が○×の札を上げて答える。
③ 正解の○の札を上げていたら，教師は「ピンポン！」と言い，すぐに次の問題を読み上げる。そしてその問題に2人目の解答者が答える。正解すれば，3人目の解答者へ。
④ 正解が続く限り，教師は問題を出し続ける。ただし，1人でも間違えれば，その時点で即終了。
⑤ 2班，3班とチャレンジしていき，連続正解数が一番多かった班が優勝。

11 班対抗！ 勝ち抜き勝負

① クラス全員が教室の前に出る。そして，班ごとに問題に答える順番に縦一列に並ぶ。
② 教師は「オリンピックの金メダルは，もちろん金で作ってある。○か？ ×か？」と問題を読む。1番目の解答者が○×の

札で答える。
③ 「正解は，……×でした。実は銀に金メッキして作ってあるんだよ」と教師が正解を発表する。正解である×の札を出していた子は，席に戻る。
④ 教師は２問目を出題する。正解した班は，２人目の解答者が答える。不正解の班は，そのまま１人目が答える。
⑤ 出題と解答をくり返し，正解した子は自分の席に戻っていく。一番最初に班全員が席についた班が優勝。

12 班対抗！　生き残り勝負

① クラス全員が教室の前に出る。そして，班ごとに問題に答える順番に縦一列に並ぶ。
② 教師は「HIV は，空気や食べ物からうつる。○か？　×か？」と問題を読む。１番目の解答者が○×の札で答える。
③ 「正解は，……×でした。HIV のうつる力はとても弱く，血液などからしかうつらないんだよ」と教師が正解を発表する。不正解である○の札を出していた子は，席に戻る。
④ 教師は２問目を出題する。正解した班は，そのまま１人目の解答者がクイズに答える。不正解の班は，２人目が答える。
⑤ 出題と解答をくり返し，不正解の子は自分の席に戻っていく。一番最後まで解答者が残っていた班が優勝。

13 移動

① 机を全部後ろに片付けて、教室の前を空ける。そして、教師は黒板の右半分に大きく「○」、左半分に「×」を書く。
② 子どもたちは、教室の真ん中に立つ。そして、教師が「ホッケーとアイスホッケーの試合をする選手の人数は同じである。○か？ ×か？」と問題を読む。
③ ○だと思う子は、教室の右に行く。×だと思う子は、教室の左に行く。友達と相談して移動してよい。ただし、制限時間は30秒。

④ 30秒後、教師は「正解は、……×でした。ホッケーは普通は11人、アイスホッケーは6人だよ」と正解を発表する。正解した子どもたちは友達と喜び合う。
⑤ 5問出題して、一番たくさん正解した子が優勝。

14 移動 －運動場編－

○×クイズ編

① 教師はライン引きで運動場の右端のほうに大きく「○」，左端のほうに大きく「×」を書く。

② 子どもたちは，運動場の真ん中に立つ。そして，教師が「日本バスケットリーグの背番号は，4番からである。○か？ ×か？」と問題を読む。

③ ○だと思う子は，運動場に書いてある「○」の上に走って行く。×だと思う子は，「×」の上に行く。制限時間は15秒。15秒以内に「○」や「×」の上に着かなければ，失格。

④ 15秒後，教師は「正解は，……×でした。背番号が0番や1番，2番，3番の人もいるんだよ」と正解を発表する。

⑤ 5問出題して，一番たくさん正解した子が優勝。

15　○○君に賭ける！

① 　クラスの人気者３人を前に出す。少々のことでへこたれない明るい男子がよい。他の子は，班（６人）を作る。

② 　教師は「第１問。ジャジャン♪　相撲の行司が言う『のこった』の意味は，力士が土俵にまだ残っているという意味である。○か？　×か？」と問題を読み上げる。そして，「前に出た３人の内，誰がこの問題に正解すると思いますか？　班で30秒相談して決めてください」と言う。

③ 　子どもたちは，班で相談して，誰が正解しそうか決める。そして，正解しそうな人を１班から順番に発表する。

④ 　「第１問，ジャジャン♪～～」と教師はもう１度問題を読み上げる。そして，教師の「○か？　×か？　せーの，ドン！」の「ドン！」に合わせて，前の３人は，○×の札を上げる。

⑤ 　「正解は，……○でした」と教師が正解を発表する。正解した子の名前を言った班は10ポイントゲット。

⑥ 　②～⑤をくり返し，一番ポイントをゲットした班が優勝。

3択クイズ編

　「2010年現在，オリンピック競技に指定されているのはどれでしょうか？　①ゴルフ，②トランポリン，③ラグビー」のようなクイズです。（正解は②；しかし，①も③も過去に指定されていた）

　選択肢を与えるので，どの子も参加できるのは，○×クイズと同じです。しかし，3分の1の確率になり，正解するかどうかのスリルは増します。

　3択クイズの出し方を4つだけ紹介します。

＊「○×クイズ」の3～15は，「3択クイズ」にも使える出題法です。

1 挙手で答える

① 教師は「今から3択クイズを出します。正解だと思う番号を選んで手を挙げてください」と言う。
② 「1917年に開催された日本初の駅伝大会。そのコースは，東京とどこの間だったでしょうか？ 1．神奈川，2．名古屋，3．京都」と教師は問題を読み上げる。
③ 「1番の神奈川だったと思う人？」と聞き，手を挙げさせる。続けて「2番の名古屋だったと思う人？」「3番の京都だったと思う人？」と聞き，手を挙げさせる。
④ 教師は「正解は，……3番の京都でした」と正解を発表する。すると，子どもたちから歓声が上がる。
⑤ 正解の3番に手を挙げた子を立たせ，賞品の拍手を贈る。

2 指で番号を出す

① 教師は「今から3択クイズを出します。ホッケー日本女子代表の愛称は？ 1．さくらジャパン，2．たんぽぽジャパン，3．すみれジャパン。正解だと思う番号を指で出します。せーの，ドン！」と言う。
② 子どもたちは，教師の「ドン！」に合わせて，1番だと思えば1本指，2番だと思えば2本指，3番だと思えば3本指を出す。

③ 子どもたちに指を出させたまま教師が正解を発表する。
「正解は，……1番のさくらジャパンでした」とちょっともったいぶって言うと盛り上がる。
④ 正解の1本指を出している子を立たせ，賞品の拍手を贈る。

3 伏せて指で出す

① 教師は「おしゃべり禁止。今から3択クイズを出します。トライアスロンはどこで生まれたスポーツでしょうか？
1．ハワイ，2．沖縄，3．ニュージーランド」と問題を出す。
② 続けて，「正解だと思う番号を決めた人は顔を伏せます」と言う。答えを決めた子どもたちは，机に顔を伏せる。
③ 「伏せたまま正解だと思う番号を指で出します。せーの，ドン！」教師の「ドン！」の合図に合わせて，子どもたちは机に顔を伏せたまま正解だと思う番号を指で出す。
④ 「では，そのまま顔を上げますが，まだおしゃべり禁止です」と教師は言って，子どもたちに顔を上げさせる。子どもたちは黙ったまま，他の子が何を出しているかキョロキョロ見る。
⑤ 指を出させたまま教師が「正解は，……1番のハワイでした」と正解を発表する。すると，子どもたちから歓声が

あがる。

4 班の合計点で勝負
－ 5 分間の学び合いを促(うなが)す －

① 保健の時間。教師は「5分後に教科書○ページから3択クイズを5問出します。班の合計点で勝負です。いい点が取れるように、班で協力して勉強してください」と言う。
② 子どもたちは、班で机をくっつけ、学び合う。

③ 5分後、机を戻して、3択クイズに挑戦する。
④ 教師は「病原体などから体を守り、病気に打ち勝つ力を何と言うでしょう？ 1．免疫力、2．抵抗力、3．忍耐力」と問題を出し、子どもたちに指で正解だと思う番号を出させる。全員が指を出したら、「正解は、……2番の抵抗力でした」と正解を発表する。
⑤ 5問出題と解答をくり返し、班のメンバーの正解数を合計する。合計点の高かった班が優勝。

ストレートクイズ編

「アテネオリンピックで北島康介(きたじまこうすけ)選手は 100 m 平泳ぎで金メダルをとりました。その時のインタビューで北島選手が言った有名な言葉は何でしょう？」などの問題に答えるクイズです。（正解は，「チョー気持ちいい」）

難易度は高いですが，クイズの王道ですね！

ストレートクイズの出し方を 9 つ紹介します。

1 挙手して答える

① 教師は「今からクイズを出します。答えが分かった人は，手を挙げてください」と言う。
② 「昔の本には，やけどをしたら，あるものを塗るとよいと書いてありました。それは，何でしょう？」などの問題を出し，分かった子は手を挙げる。
③ 教師は手を挙げた子を指名し，指名された子は「アロエ？」などと答えを言う。
④ 不正解なら，「……ブ〜！ 残念！」と明るく言い，他の手を挙げている子を指名。正解が出なければ，「台所にあるものだよ」などとヒントを出す。
⑤ 「油」と正解が出れば，教師は「……（少し間をおく）正解！ 今では信じられないけど，昔，やけどは油を塗れば治るって言われていたんだよ。今は冷たい水で冷やすのが常識だけどね」と言う。そして，正解した子にクラスみんなで拍手を贈る。

2 先生の耳元に

① 教師は4つ切りの画用紙を縦長に丸め、筒を作っておく。
② 教師は「先生が今から問題を出します。分かった人は、先生の耳元の筒に言いに来てください」と説明する。
③ 「サッカーのポジションのボランチはポルトガル語です。どんな意味？」と問題を出す。分かった子は、教師のところへ行き、筒を通して他の人に聞こえないように答えを言う。

④ 「ハンドル（舵）」と正解を言った子には、「ピンポン！正解！」と言う。不正解を言った子には、「ブ～！ 残念！」と言う。「車にもついてるよ」などのヒントを出す。
⑤ クラスの半分ぐらいの子が正解したら、みんなの前で正解発表。正解者を立たせ、教師の「せーの」の合図で「ハンドル！」と得意げに正解を言わせる。

ストレートクイズ編

3 ノートに書く

① 教師は「先生が今からクイズを出します。答えが分かったら,ノートに書いてください」と言う。
② 「甲子園で行われる全国高等学校野球選手権大会(夏の大会)。この大会が始まったのは,何時代でしょう」と問題を出し,ノートに答えを書かせる。
③ 全員が答えを書いたのを確認したら,教師は「鉛筆を置いて,赤鉛筆を持ってください」と言う。
④ 教師は「正解は,……大正時代です。大正4年に始まったんだけど,最初は甲子園球場じゃなかったんだよ」と正解を発表し,解説を加える。子どもたちは,合っていれば,赤で○をする。間違っていれば,赤で直す。
⑤ ノートに書かせることで,クラス全員を参加させることができる。

4 ノートに書く －5問勝負－

① 教師は「今から先生がクイズを5問出します。ノートに1～5まで番号を書いてください」と言う。子どもたちはノートに1から5まで書く。
② 「では,第1問。食事,運動,休養などの生活習慣が大きく関係して起こる病気を何と言う?」と出題し,1のと

ころに答えを書かせる。

③ 「では，第2問〜〜」と5問まで出題を続ける。子どもたちは答えを書く。

④ 5問出題し終わったところで，正解発表。もう1度問題を読んでから，正解を発表していく。「第1問。〜〜（問題を読む）この問題の正解は，……生活習慣病」と正解を発表する。子どもたちは，合っていれば，赤で○をする。間違っていれば，赤で直す。

⑤ 「1問正解の人？」「2問正解の人？」と聞き，手を挙げさせる。最後に「では，5問正解だった人，起立！」と言い，5問正解の子は立たせ，賞品の拍手を贈る。

5 班で何人正解できるか？

① 教師は「今から先生がクイズを出します。答えをノートに書いてください。班で何人正解できるか勝負です」と言う。

② 教師は「ゆで卵好きで有名なタレント板東英二さん。板東さんは，昔，プロスポーツの選手でした。何のプロスポーツ選手だったのでしょうか？」と問題を出す。子どもたちは正解だと思う答えを1人ひとりノートに書く。制限時間は30秒。

③ 30秒後，「正解は，……プロ野球選手でした。中日ドラゴンズのピッチャーだったんだよ」と正解を発表する。

④ 正解した子に手を挙げさせる。教師は「1班，○人。2班，○人」と各班の正解人数を数える。

⑤ 「優勝は，5人全員正解の3班でした」など，教師は一番多くの人が正解していた班を発表する。そして，クラスみんなで拍手を贈る。

6 班で1つの言葉を答える（1文字ずつ書いて）

① 1班（5人）を教室の前に出し，横一列に並ばせる。そして，1人に1枚小黒板とチョークを1本渡す。

② 教師は「プロ野球には，セ・リーグとパ・リーグがあります。セ・リーグの『セ』は，何という言葉を略したものでしょう？」と正解が5文字になる問題を出す。

③ 1班の子どもたちは，他の子に見えないように，正解だと思う答えの自分の担当部分を一文字書く（3番目の子なら，「セントラル」の「ト」）。制限時間は30秒。

④ 30秒後，教師はもう1度問題を読む。そして，教

師の「せーの，ドン！」の合図に合わせて，5人は一斉に小黒板に書いた字をクラスみんなに見せる。
⑤ 5人で見事に正解の「セントラル（「中央の」という意味）」と書けていれば，クラスみんなで拍手を贈る。間違っていても，がんばりに拍手を贈る。

7 ハヤオシピンポンブー

① 教師はインターネットなどで「ハヤオシピンポンブー」というグッズを購入する。5000円程度である。
② 班から1人ずつ前に出て，ハヤオシクイズに挑戦する。
③ 教師の「メジャーリーグ，レッドソックスに所属する松坂大輔投手は，横浜高校時代，ある有名人とバッテリーを組んでいました。それは，誰でしょう？」などの問題にハヤオシで答える。正解者は，10ポイント獲得できる。
④ 誰かが「上地雄輔！」と正解すれば，解答者を総入れ替えして2問目に挑戦。
⑤ 出題と解答をくり返し，獲得ポイントが高かった班が優勝。

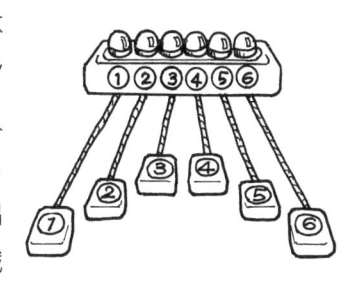

8　ハヤオシピンポンブー －「○○ですが」－

① 基本的なルールは，7のハヤオシピンポンブーと同じ。
② クイズの出題パターンを「～～ですが，～～は何でしょう？」の形に変える。
③ たとえば，「WBC日本代表の愛称は，……サムライジャパンですが，日本サッカー女子代表は何ジャパン？」などの問題（正解はなでしこジャパン）。
④ 「WBC日本代表の愛称は，」の後，大きく間をあけると，ピンポンを押す子が出る。ピンポンを押す子が出たら，教師は素早く「サム」まで言う。
⑤ お手つきの子が多発して，大爆笑になること間違いなし。
＊WBC：ワールド・ベースボール・クラッシック。

9　運動場ウォークラリー

① 教師は，運動場の10ヵ所ぐらいに「昔オリンピックの正式種目だった学校の運動会でもおなじみの団体競技とは？」などと問題を書いた紙を貼っておく（正解は綱引き）。
② 子どもたちは問題を探し，解答用紙に答えを書いていく。
③ 制限時間を設定し，時間がきたら集合場所に戻ってくるように指示しておく。制限時間に遅れたら，減点。
④ 正解数が一番多い子が優勝。登り棒やジャングルジムの上なども面白い。ただし，安全にしっかりと配慮すること。

第2部
体育クイズ417

　体育クイズを，スポーツ23項目と保健6項目の合計29項目用意しました。

　「ドッジボール」や「バスケットボール」など競技の項目もあります。「冬季オリンピック」「運動会」などスポーツに関係のあるイベントの項目もあります。

　体育の時間に，学級レクリエーションの時間に，子どもたちとたっぷりお楽しみください。

　クイズは，「○×クイズ」「3択クイズ」「ストレートクイズ」に分けて紹介しています。第1部の「クイズの出し方大辞典！」を参考に，試してみてください。

① 走る

いちおし問題

このスタートの仕方を何という？（クラウチングスタート）　❋ ストレートクイズ

○×クイズ

- 100ｍ走のコースには直線と半円の２通りある。（×）
- 100kmマラソンという競技がある。（○）
- 陸上競技では，選手は右回りで走る。（×；左回り）
- 1997年5月31日に陸上競技の世界最速決定戦が150ｍ走で実施された。（○）
- 世界陸上は，1980年のモスクワオリンピックの西側諸国のボイコットをきっかけに新設された。（○）

*（　）は，正解。

3択クイズ

- 走る競技では，体のどの部分がフィニッシュラインの垂直な面に到達した瞬間にゴールとなる？①どこでもよい，②胴体，③手（②）
- マラソンの飲食物提供所の間隔は？①5km，②7km，③10km（①）
- 駅伝発祥の地はどこ？①ギリシャ，②アイルランド，③日本（③）
- 世界陸上やオリンピックの走る競技のスターターによる合図は何語？①ギリシャ語，②英語，③エスペラント語（②）
- 駅伝で，今走っている走者の印として斜めにかけるひもを何という？①ランナーライン，②たすき，③ペンダントクロス（②）

ストレートクイズ

- マラソンの正式な距離は？（42.195km）
- リレーでバトンを渡さないのは第何走者？（第4走者）
- 国際レースの駅伝は6人で何km走る？（42.195km）
- 世界陸上で獲得した金メダルの合計が通算で一番多いのはどこの国？（アメリカ合衆国；120個。2009年ベルリン大会までの記録）
- 歩く速さを競う陸上競技を何という？（競歩）
- 江戸時代の飛脚の走法といわれている，右手と右足，左手と左足を同時に出す走り方を何という？（ナンバ走り）

② 跳ぶ

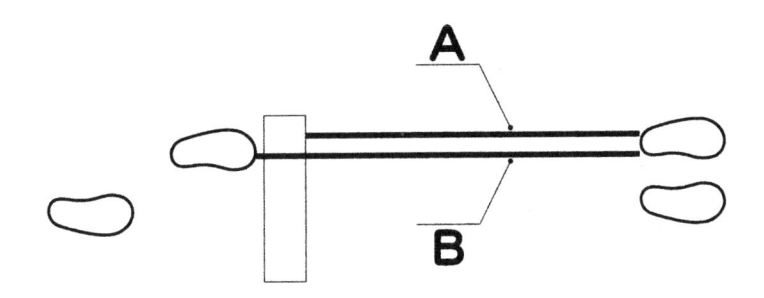

いちおし問題

走り幅跳びで，正しい跳躍距離の測り方はどれ？
（A）　　　　　　　　　✽ ストレートクイズ

○×クイズ

- 走り幅跳びは，正式には「走り幅跳び」と書く。（×：走幅跳）
- 走り高跳びは，正式には「走高跳」と書く。（○）
- 走り高跳びは，両足で踏み切ると失格になる。（○）
- 平成10年までは，スポーツテストに走り高跳びがあった。
  （×；走り幅跳びがあった）
- 走り高跳びの記録は，跳んだ高さから身長を引いたものになる。（×）

*（ ）は，正解。

3択クイズ

- 走り高跳びの男子世界記録は？①2m25cm，②2m45cm，③3m　（②；ハビエル・ソトマヨル〈キューバ〉，2010年4月現在）
- 走り幅跳びの女子世界記録は？①4m52cm，②7m52cm，③10m52cm　（②；ガリナ・チスチャコワ〈ソビエト連邦〉，2010年4月現在）
- ランディングとは跳躍競技の何を意味する言葉？①試走，②着地，③失格（②）
- 走り幅跳びで無効になるのは？①着地後反動で着地点より遠いほうに飛び出した場合，②着地後砂場の中を歩いてスタート地点のほうに戻った場合，③着地後，しりもちをついた場合（②）
- 棒高跳びの棒として使われたことのないものはどれ？①竹，②木材，③ゴム（③）

ストレートクイズ

- ハイジャンと呼ばれる競技は何？（高跳び）
- 棒高跳びの世界記録を持つセルゲイ・ブブカは何と呼ばれていた？（鳥人）
- 短距離走で有名なアメリカのカール・ルイスは，以前は何の選手だった？（走り幅跳び）
- ホップ・ステップ・ジャンプと言えば，何の種目？（三段跳び）

運動・スポーツ

❸ サッカー

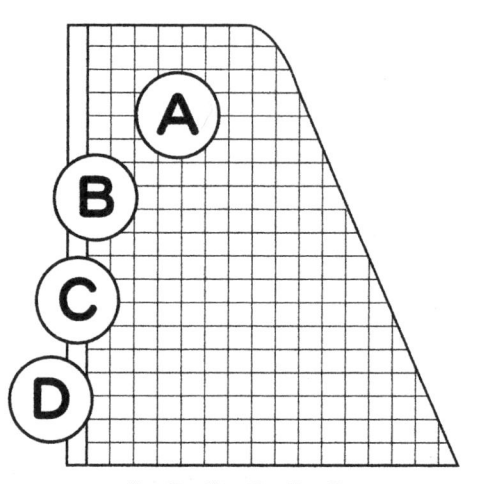

いちおし問題

ボールがゴールと認められるのはどれ？ 正解だと思うものを全部答えよう。（A）　❋ストレートクイズ

○×クイズ

- 小学生のサッカーの試合にオフサイドはない。（×）
- 蹴ったボールが，フィールド外に一度出ても自然にフィールド内へ戻ってきたら試合は続けられる。（×）
- サッカーの名前は，協会を意味する英語「アソシエーション」から生まれた。（○）

＊（　）は，正解。
- サッカーのワールドカップ予選に，複数のチームが出る国がある。（○；イギリス）

3択クイズ
- サッカーを漢字で書くとどれ？①足蹴，②鎖可，③蹴球，（③；蹴る。蹴球で「しゅうきゅう」と読む）
- サッカーの直接の起源は？①日本のけまり，②英国のフットボール，③中国の将棋（②）
- 国際サッカー連盟の略称は？①FIFA，②KSR，③ISCR（①）
- サッカーで使う場所のことを何と呼ぶ？①ピッチ，②ボッチ，③ブレア（①）
- サッカーの試合で，ソックスの下に必ずしなければいけないのは何？①弁慶当て，②すね当て，③ひざ当て（②）
- 攻撃側がサイドからゴール前にパスを送ることを何という？①ランチ，②パス，③センタリング（③）

ストレートクイズ
- 1チームのプレーヤーは何人？（11人）
- チームの地元と試合相手の地元の両方で一度ずつ計2試合対戦することを何という？（ホームアンドアウェイ）
- サッカーの神様と呼ばれた人は誰？（ペレ）
- 審判は，何に例えられる？（石）
- コインの裏表で，攻めるゴールを決める方式を何という？（コイントス）

運動・スポーツ

④ 水泳

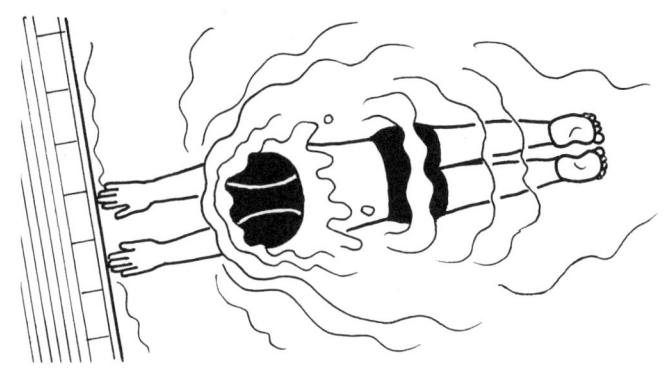

いちおし問題

ターンとゴールのタッチを，両手同時にしなければならない種目は何？（平泳ぎ）　❋ストレートクイズ

○×クイズ

- プールの第一コースは，スタートする側からゴールに向かって，一番左のコースである。（×；一番右）
- 個人メドレーの泳ぐ順番は，バタフライ→背泳ぎ→平泳ぎ→自由形である。（○）
- ウォーターボーイズは，実在しないテレビ・映画の中の話である。（×；埼玉県立川越高校の水泳部がモデル）
- 英語のpoolは，水たまりのことである。（○）

＊( )．は，正解。

3択クイズ

- 水泳の水着の種類で，実際にあるのはどれ？①カメ肌，②イルカ肌，③サメ肌（③）
- 男子50ｍ自由形の世界記録は時速でどれぐらい？①時速約3ｋｍ，②時速約5ｋｍ，③時速約9ｋｍ（③）
- 日本水泳連盟のマスコット「ぱちゃぽ」はどんな生き物？①ふぐ，②いるか，③かっぱ（③）
- 大会に出場できる条件となるタイムのことを何という？①最低記録，②標準記録，③パスライン（②）
- 飛込競技で一番高い飛び込み台は？①5ｍ，②10ｍ，③15ｍ（②）
- イタリアのプロチーム『ブレッシア』に在籍している青柳勧さんは，何の種目の選手？①平泳ぎ，②シンクロナイズドスイミング，③水球（③）

ストレートクイズ

- 決勝戦に出る選手を決めるため，予選で同着だった選手で行う再レースを何という？（スイムオフ）
- 1949年全米選手権に招待され出場した，古橋広之進さんは，自由形で世界新記録を出し，アメリカの新聞で何と呼ばれたか？（フジヤマのトビウオ）
- 英語で子どものハイハイ動きを意味する泳ぎ方は何？（クロール）
- バタフライはどの泳ぎ方から生まれた？（平泳ぎ）

運動・スポーツ

⑤ ドッジボール

いちおし問題

ボールを2個使うドッジボールを何という?(ダブルドッジボール)　❋ ストレートクイズ

○×クイズ

- 「ドッヂボール」が正しい。(×;「ドッジボール」)
- 公式ルールでは,1チーム12人で試合を行う。(○)
- ドッジボール専用シューズが販売されている。(○;ミズノが製造している)

＊（　）は，正解。

- ドッジボールの「ドッジ」の意味は，「素早く身をかわす」である。（○）

3択クイズ

- ドッジボールを漢字で書いた時に正しくないものを1つ選べ。①飛球，②火球，③避球（②；①も③もドッジボール）
- 日本ドッジボール連盟の略称は何？①J. D. B. A，②N. D. A，③J. D. R（①）
- 公式ルールでは，最初の外野（元外野）は，何人と決めてある？①4人，②2人から10人，③1人から11人（③）
- 明治42年，日本に初めてドッジボールが伝えられた時，何と呼ばれていたか？①円形ドッジボール，②台形プッシュボール，③円形デッドボール（③）
- 実際にはない映画はどれ？①ドッジボール，②ドッジGOGO！，③王様ドッジ（③）

ストレートクイズ

- 相手チームに分からないように決めた一人の選手が当てられたら負けるドッジボールは？（王様ドッジボール）
- 公式ルールでは，ボールをとってから何秒以内に投げないと相手ボールになる？（5秒）
- ボールを当てられた人が，相手の選手を当てても陣地に戻れないドッジボールは？（スーパードッジボール）
- パスは何回までOK？（4回；5回目には攻撃しなければいけない）

⑥ ソフトボール・野球

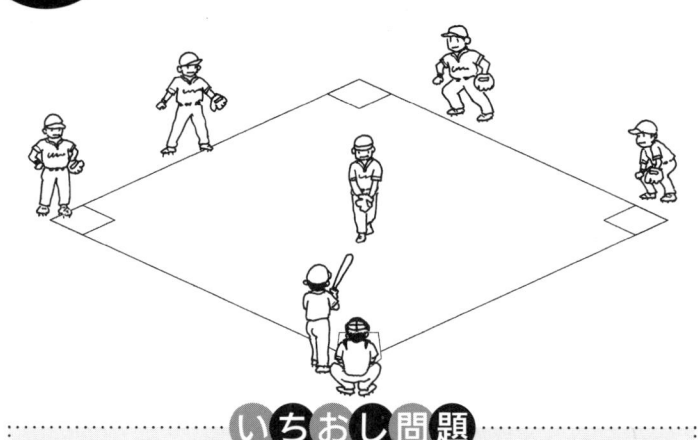

いちおし問題

野球の4つのベースを結んでできる内野のことを何と呼ぶ？（ダイヤモンド） ✽ストレートクイズ

○×クイズ

- ソフトボールの監督の背番号は30番に決まっている。（○；コーチは31,32番，主将は10番）
- ソフトボールでは一塁ベースを2つ置くことがある。（○；ダブルベース。一塁手とランナーの接触を避けるため）
- ソフトボールでは，一度交代した選手でも，もう一度出場することができる。（○；リエントリー）

＊（　）は，正解。
- ピッチャーミットがある。（×；ピッチャーグラブ）

3択クイズ

- 滑り止めに使う白い粉が入った袋は，何と呼ばれる？①ホワイトバック，②スベラーズ，③ロジンバック（③）
- 盗塁のことを何という？①スチール，②セーフティバント，③スクイズ　（①；スチールは「盗むこと」）
- 3塁にいる走者をホームに迎え入れるためにバントをすることを何という？①インフィールドフライ，②セーフティバント，③スクイズ（③）
- ボールを下から上に回転させる球種を何という？①ブレッドボール，②ライズボール，③ミラクルボール（②）
- ソフトボールで，ウィンドミル，エイトフィギュア，スリングショットとは何？①名選手の名前，②ボールの投げ方，③バットの振り方（②）

ストレートクイズ

- 野球が生まれた国はどこ？（アメリカ合衆国）
- 野球は何人対何人で試合をする？（9人対9人）
- 野球が変化したペサパッロというスポーツは，どこの国で生まれた？（フィンランド）
- ソフトボールは7回で決着がつかない時，何という方式で試合を続ける？（タイブレーカー；ノーアウト2塁から試合を始めること）

７ バスケットボール

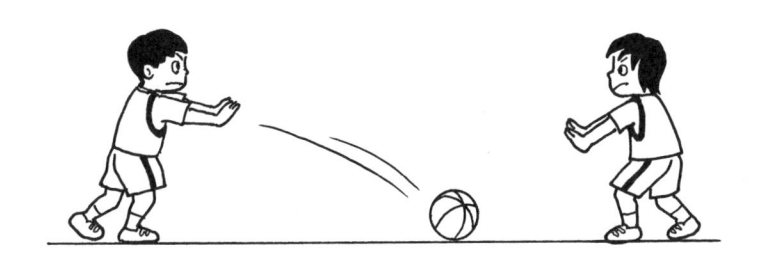

いちおし問題

床にワンバウンドさせて仲間にボールをパスすることを何という？　（バウンドパス）　❋ストレートクイズ

○×クイズ

- バスケットボールは５人対５人で試合をする。（○）
- スポーツマンらしくない違反のことを，パーソナルファウルという。（×；テクニカルファウル）
- ミニバスケットボールは，15歳以下の子どもたちのための競技である。（×；12歳以下の小学生）
- バスケットボールのゴールは，最初はリンゴを入れる籠だ

＊（　）は，正解。

った。（×；桃を入れる籠）

3択クイズ

- ミニバスケットボールのボールは何号？①5号，②6号，③7号（①）
- バスケットボールを漢字で書くとどれ？①馬球，②籠球，③高球（②；籠。籠球で「ろうきゅう」と読む）
- バスケットボール発祥の地はどこ？①ギリシャ，②フランス，③アメリカ合衆国（③）
- バスケットボールの試合では，一試合に何回交代できる？①無制限，②10回まで，③30回まで（①；ミニバスケットボールでは，ゲーム中の交代はできない）
- バスケットボールの公式戦では，床のラインの色は何色に決められている？①緑，②青，③白（③）
- ドリブルをして，持って，またドリブルをする反則は何？①プッシング，②ダブルドリブル，③ドリブルドリブル（②）

ストレートクイズ

- ミニバスケットボールでは，何分のゲームを4回する？（5分）
- 世界で最も有名なバスケットボールリーグNBAは，どこの国のリーグ？（アメリカ合衆国）
- 胸のところから相手の胸のあたりへするパスを何という？（チェストパス）
- ミニバスケットボールを略して何という？（ミニバス）

8 ソフトバレーボール バレーボール

いちおし問題

ソフトバレーボールは1チーム4人で試合をする。(○)
　　　　　　　　　　　　　　　　　　　　　❋○×クイズ

○×クイズ

- バレーボールでは，サーブ権を持つほうが勝ったら点数を獲得していた。これをやめた理由の一つに，試合時間が長引きテレビ中継が難しかったことが挙げられる。(○)
- オリンピックで日本のバレーボールチームは男子も女子も金メダルを受賞したことがある。(○；男子…1972年第20回ミュンヘン大会，女子…1964年第18回東京大会，1976年第21回モントリオール大会)

＊（　）は，正解。
- バレーボールの日本のトップリーグは，Bリーグである。（×；Vリーグ）

3択クイズ

- Vリーグの一部リーグはプレミアリーグだが，二部リーグは何という？①セカンドリーグ，②チャレンジリーグ，③未来リーグ（②）
- ソフトバレーボールの「ソフト」は何を意味している？①柔らかい，②長い，③簡単（①）
- ソフトバレーボールのボールの重さは何g？①90g，②160g，③210g（③）
- バレーボールを漢字で書くとどれ？①排球，②打球，③拳球（①；排球で「はいきゅう」と読む）
- バレーボール発祥の地はどこ？①インドネシア共和国・バリ島，②アメリカ合衆国，③中国（②）
- ビーチバレーは通常1チーム何人で試合をする？①2人，②3人，③5人（①）

ストレートクイズ

- ソフトバレーボールのコートは，何の種目のダブルス用外側ラインを使う？（バドミントン）
- オリンピックのバレーボールは，1チーム何人で試合をする？（6人）
- バレーボールの3大大会といえば，オリンピックと世界選手権と何？（ワールドカップ）

⑨ ハンドボール

いちおし問題

1997年に世界ハンドボール男子選手権が開催されたのは日本のどの都道府県？（熊本県） ✽ストレートクイズ

○×クイズ

- ハンドボールには，7人制と11人制がある。(×；7人制しかない)
- 選手交代は，自由にいつでも何度でもできる。(○)
- 反則をして「退場」と言われた選手は，その試合と次の試合に出場できない。(×；2分間出ることができない。「失格」だとその試合には出ることができない)
- ハンドボールでは身体接触は厳しく禁じられている。(×)

＊（　）は，正解。

3択クイズ

- 日本では，どんな漢字で書かれていた？①手球，②半戸球，③送球（③；送球で「そうきゅう」と読む。中国語では①）
- 本当にあるのはどれ？①倒れこみシュート，②前回りシュート，③一人時間差シュート（①）
- 試合を始める時に，センターライン中央からパスをするが，これを何という？①スローイン，②センターイン，③スローオフ（③）
- 7人制のハンドボールを始めたホルガー・ニールセンは，何を考案したことで有名な人？①レントゲン，②AED，③人工呼吸法（③）

ストレートクイズ

- ハンドボール発祥の地はどこ？（デンマーク；ニールセンが19世紀に考案）
- コートの大きさ，ゴールの大きさ，ボールの大きさの中で，年齢によって変わるのはどれ？（ボールの大きさ）
- コートプレーヤーが普通は入れないゴールエリア内で，ボールを空中で受け取りそのままシュートしたり，他のプレーヤーに空中でパスすることを何という？（スカイプレー）
- ボールを持ちやすくするために，利き腕の指に塗ることがある自然の物は？（松ヤニ；室内では両面テープ）
- ブンデスリーガはどこの国のプロリーグ？（ドイツ）

⑩ タグラグビー

＊タグラグビーとは，腰につけた２本のタグを取ったり取られたりしながら，だ円形のボールを味方にパスして相手ゴールを目指すスポーツである。

いちおし問題

タグって何？①腰につけたリボン，②ボール，③試合でつける服（①）　　＊３択クイズ

○×クイズ

- 自分より前にいる味方へのパスは反則である。（○）
- 自分の真横にいる味方へのパスは反則である。（×）
- タグラグビーのボールは，サッカーボールと同じ形をしている。（×；だ円形）
- シュートの時だけボールを蹴ってよい。（×）
- 男女が一緒にプレーできる。（○）

＊（ ）は，正解。

- 日本では東京都から広まった。（×；横浜市）

3択クイズ

- 試合時間は？①7分ハーフ，②8分ハーフ，③9分ハーフ（①）
- タグを取ったら，自分の頭の上に差し上げて何というか？①ビンゴ，②やった，③タグ（③）
- タグを取られたプレーヤーは，何秒以内に味方にパスをしないといけないか？①3秒，②5秒，③7秒（①）
- タグ何回で攻撃を交代する？①2回，②3回，③4回（③）
- 全国小学生タグラグビー選手権大会のことを何という？①カントリーカップ，②サントリーカップ，③ニワトリーカップ（②）
- 全国小学生タグラグビー選手権大会のルールで，プレーヤーが身につけることを認められていないのは何？①ゴム製の髪留め，②めがね，③手袋（③）

ストレートクイズ

- 何人対何人で試合をする？（5人対5人）
- ゴールポストはいくつある？（ない）
- タグラグビーが開発されるまで，何というラグビーが小学校などで行われていた？（タッチラグビー）
- 試合終了のことを何という？（ノーサイド）
- ラグビーのことを正式には，何という？（ラグビー・フットボール）

⑪ バドミントン

いちおし問題

シャトルの材料として,よく使われる鳥は？①ニワトリ,②ガチョウ,③ワシ（②）　　※3択クイズ

○×クイズ

- バドミントンという名前は,バドミントンを広めたイギリスの公爵が住む邸宅の名前からつけられた。（○）
- ラケットは,昔はスチールやカーボンなどが多かったが,持ちやすいことから木が主流になってきた。（×；昔は木が多かったが,現在はスチールやカーボンが主流）
- サービスをする時,腰より低い位置で打つと反則である。

＊（　）は，正解。

（×；打点が腰より高いと反則「アバブ・ザ・ウエスト」）
- 男女のペアで試合をすることはない。（×）

3択クイズ
- 正式にはどう書く？①バトミントン，②バドミントン，③バトミトン（②）
- ラケットで軽い物は1本何gぐらい？①200ｇ，②150ｇ，③100ｇ（③）
- 延長戦のことを何という？①セッティング，②デュース，③PK（①）
- インターバルとは？①シャトルを打つ時の足の幅，②休憩時間，③乱暴なプレーで退場になること（②）
- バドミントンの国別対抗の男子世界選手権は何という？①トマト・カップ，②トンボ・カップ，③トマス・カップ（③）
- ウェア（服）の色は？①白一色が原則，②白は禁止，③白は半分以下（①）

ストレートクイズ
- ラケットの持つところをハンドル，または何という？（グリップ）
- ラケットに張る糸のことを何という？（ストリング）
- 腕を伝わる汗を止めるために腕につけるのは何？（リストバンド）
- バドミントンは日本に何時代に伝わった？（大正時代）
- 女子の世界大会で有名な大会は？（ユーバー・カップ）

12 卓球

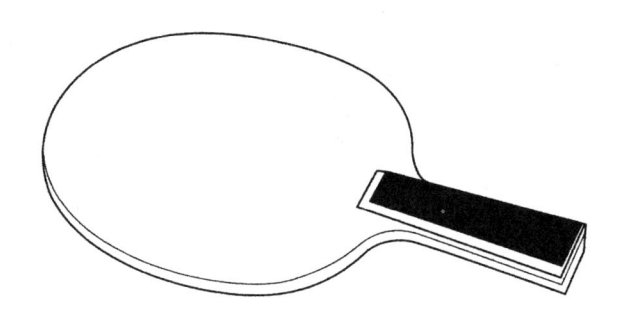

いちおし問題

ラバーの色は自由だが,白はボールが見にくくなるので使えない。(×;赤と黒に限定されている)

❋ ○×クイズ

○×クイズ

- 卓球はオリンピック種目である。(○)
- 卓球台のことを,コートと言う。(×;テーブル)
- ボールが天井に当たって,相手コートに入った場合は,有効とみなされる。(×;ミスと判定される)
- ラケットには,シェイクハンドとペンホルダーの2つの種類がある。(○)

＊（　）は，正解。

- 軟式卓球は日本にしかない。（○；硬式卓球が一般的）

3択クイズ

- 卓球は中国語で「乒乓球」と書くが何と読む？①へいへいじう，②ピンピンジウ，③ピンポンジウ（③）
- 初めの頃，ボールとして使われていたものは？①シャンパンのコルクを丸くしたもの，②亀の卵を乾燥させたもの，③ゴムボール（①）
- 現在は，卓球のボールは何でできているものが多い？①セルロイド，②アルミニウム，③銅（①）
- 1952（昭和27）年，世界選手権に初めて参加した日本は7種目に参加した。その結果は？①全種目予選落ち，②4種目で優勝，③全種目で2位（②）
- ラケットが台に当たって2つに割れた場合，接着剤できれいにくっついたら試合に使ってよい？①面が平らになれば問題ない，②使えない，③くっつけば問題ない（①）
- 日本卓球協会の略称は？①JTAKYUA，②JTATE，③NTK（②）

ストレートクイズ

- 卓球はどんなスポーツから生まれた競技？（テニス）
- アテネ五輪で福原愛選手が使ったかけ声は？（サー！）
- 日本卓球界でジャンヌダルクと言えば誰のこと？（四元奈生美）
- ドイツのプロ卓球リーグは何？（ブンデスリーガ）

運動・スポーツ

13 柔道・剣道・空手

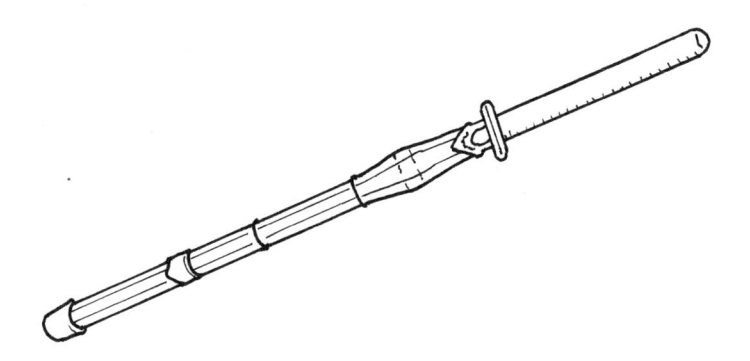

いちおし問題

これは何？①しない，②たけみつ，③つきぼう（①）

※ 3択クイズ

○×クイズ

- 柔道は日本で生まれたスポーツである。（○）
- 第二次世界大戦後，しばらくの間，柔道を学校で教えることが禁止された。（○；GHQが軍国主義と関係があるスポーツ（武道）として禁止した）
- 柔道の登録選手人数が世界で一番多い国は日本である。（×；フランスが日本の2倍以上で50万人）
- 剣道の名称は，柔道を参考にしてつけられた。（○）

*（　）は，正解。

- 剣道では二刀流はルールで禁止されている。（×）

3択クイズ

- 柔道を始めた人は誰？①嘉納治五郎（かのうじごろう），②柔一（やわらはじめ），③夏目漱石（①）
- 初段になると何色の帯をすることができる？①赤，②白，③黒（③）
- 全日本剣道連盟の場合，剣道の最上段は8段だが，8段の試験で合格するのは約何％？①１％，②10％，③60％（①）
- 第二次世界大戦後，剣道が禁止されている間に，剣道に似た競技として開発されたのは？①めんどうこて競技，②しない競技，③やまと競技（②；剣道にフェンシングのルールを取り入れた競技）
- 空手はどの都道府県で始められた競技？①大阪府，②愛知県，③沖縄県（③）
- フルコンタクト空手とは何？①相手の身体には直接ふれない空手，②相手を直接打撃する空手，③時間制限のない空手（②）

ストレートクイズ

- 柔道の総本山と言えばどこ？（講道館）
- 柔道でマスターズの試合と言えば何歳以上が参加できる試合？（30歳以上）
- 空手が韓国に伝わり生まれた競技は何？（テコンドー）
- 空手家，大山倍達（おおやまますたつ）の一生を描いた漫画は？（空手バカ一代）

14 ラジオ体操

いちおし問題

ラジオ体操第一の最初の体操は何の体操？（のびの体操）　　　　　　　　　　　　　　　　✽ストレートクイズ

○×クイズ

- ラジオ体操第3も作られたことがある。（○）
- NHKのラジオ体操は，夏休みの期間中限定の放送である。（×）
- NHKのラジオ体操は，放送が始まってから今日まで一日も休まずに放送されている。（×：1928年11月1日開始。放送中止は，1945年8月15-22日，1947年9月1日-1951年5月5日，1989年1月7日-8日。）

*（　）は，正解。

- ラジオ体操第一の胸をそらす体操は，体をねじる体操より前にある。(○)
- ラジオ体操第2は，第1より動きがゆっくりである。(×)

3択クイズ

- ラジオ体操のマスコットは？①ラタ坊，②ラジ坊，③アサ坊（①；ラジオ体操坊や）
- みんなで集まってラジオ体操を行う，ラジオ体操会を最初にしたといわれている人の仕事は何？①新聞の配達，②警官，③牛乳の配達（②；神田万世橋署の面高巡査）
- ラジオ体操第1は，いくつの体操からできている？①13，②17，③18（①）
- 年に一回の『1000万人ラジオ体操・みんなの体操祭中央大会』は，いつ開催される？①7月の最後の日曜日，②8月の第一日曜日，③8月15日（②）
- 次の中で実際にあるのはどれ？①紅葉ラジオ体操会，②耐寒ラジオ体操会，③雪中ラジオ体操会（②）

ストレートクイズ

- 年齢・性別・障害の有無を問わず，すべての人々が楽しく安心してできる体操として考えられたのは何？（みんなの体操）
- みんなの体操には，立位と何がある？（座位）
- ラジオ体操の歌は，何という歌詞で始まる？（新しい朝が来た……）

15 運動会

いちおし問題

ビニルテープをすいて作る丸い飾りは何？（ぽんぽん）

✽ ストレートクイズ

○×クイズ

- 運動会でよく使われている万国旗には，一万の国の国旗が使われている。（×）
- 会社の運動会の企画・運営・後始末までをしてくれる会社がある。（○）
- フランスには運動会がない。（○；ある国が少ない）

＊（　）は，正解。
- 双発式信号機と言えば，2つの音が使い分けられる笛のことである。（×；2発詰められる出発用のピストル）

3択クイズ

- 北海道で，運動会が最も多く行われるのはいつ？①春，②秋，③冬（①；5月下旬から6月）
- 運動会の組み分けを赤城団（あかぎだん），榛名団（はるなだん），妙義団（みょうぎだん）の3組に分けることが多い県は？①新潟県，②栃木県，③群馬県（③；それぞれ群馬の有名な山の名前）
- 中学校や高校では運動会と言わずに何というところが多い？①大運動会，②スポーツ大会，③体育祭（③）
- 表彰式でよく使われるドイツの作曲家ヘンデルの作品は何？①見よ，勇者は語る，②金メダルは，君の頭上に，③チャンピオン（①）

ストレートクイズ

- 「小麦粉」「水」「手を使えない」と言えば，何の種目？（アメ食い競争）
- 「かけ声」「多人数」「肩に手」と言えば，何の種目？（ムカデ競争）
- 「マイムマイム」「オクラホマミキサー」「ジェンカ」と言えば，何の種目？（フォークダンス）
- 「ひも」「二人」「肩を組む」と言えば，何の種目？（二人三脚）
- 福岡県北九州市近辺の運動会で川中島と言えば？（騎馬戦）

16 夏のオリンピック

いちおし問題

オリンピックのシンボルマークは，五色の輪がデザインされている。左から正しく書いてあるのはどれ？①黄黒緑赤青，②赤緑黒黄青，③青黄黒緑赤（③）

❈ 3択クイズ

○×クイズ

- 1896年にギリシャのアテネで開催された第1回オリンピックでは，優勝者に銀メダルを贈った。(○；2位が銅)
- 開会式の選手団の入場はいつも開催国が先頭である。(×；ギリシャが先頭)
- 1988年，ソウルオリンピックのセレモニーで放たれた白い鳩が聖火で焼かれる事件があった。(○；現在は生きた鳩は使わない)

*（　）は，正解。
- 古代のオリンピックでは裸で競技していた。（○）

3択クイズ

- 1964年東京オリンピックで最終聖火ランナーを務めた坂井義則(さかいよしのり)さんは，どんな人？①ギリシャ生まれ，②原爆が広島に投下された日が誕生日，③日本人初のメダリスト（②）
- 人種差別と戦ったモハメド・アリは，1960年ローマ大会のボクシングライトヘビー級でもらった金メダルをどうした？①山に捨てた，②川に捨てた，③海に捨てた（②）
- 東京オリンピックを記念して決められた国民の祝日は？①オリンピックの日，②体育の日，③文化の日（②；開会式のあった1964年10月10日を記念して2年後の10月10日から体育の日として祝日になった）
- 第1回からずっと参加している国は，ギリシャ・イギリス・フランス・オーストラリアとどこ？①日本，②中国，③スイス（③）

ストレートクイズ

- 開会式と閉会式の最初の言葉は何語に決められている？（フランス語）
- 1976年，モントリオールオリンピック女子体操段違い平行棒で史上初の10点満点を取ったのは誰？（ルーマニアのナディア・コマネチ）
- 2012年の夏季オリンピックの開催地はどこ？（イギリスのロンドン）

17 冬のオリンピック

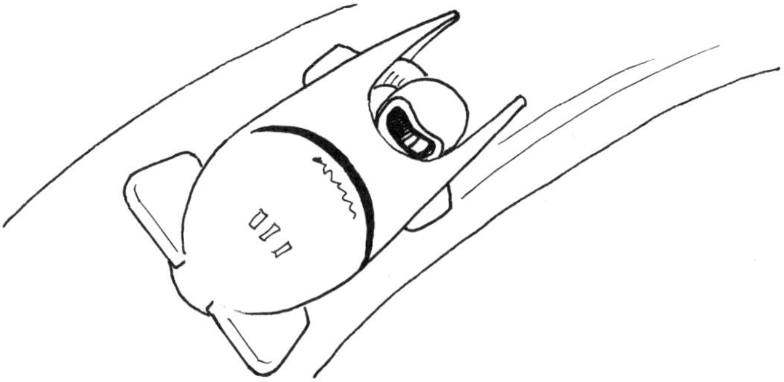

いちおし問題

「氷上のＦ1」と言われる，時速 130 km のスピードが出るそりを使う競技は？（ボブスレー）

✽ ストレートクイズ

○×クイズ

- 冬季オリンピックは，夏季オリンピックと同年に始まった。（×；夏は 1896 年が第 1 回，冬は 1924 年が第 1 回）
- アイスホッケーやアイススケートが夏季オリンピックの公式プログラムとして行われたことがある。（○）
- 1940 年に札幌で冬季オリンピックが開催された。（×；開催が決まっていたが，戦争で中止になった）
- 冬のオリンピックには聖火リレーがない。（×）

＊（ ）は，正解。

3択クイズ

- 2014年の冬季オリンピックは，ソチでの開催が決まっている。ソチは，どこの国？①ブラジル，②ノルウェー，③ロシア（③）
- 冬季オリンピックが開催されたことのない都市は？①新潟，②札幌，③長野（①；札幌は1972年，長野は1998年に開催）
- 2006年トリノ大会で日本人で唯一金メダルをとった荒川(あらかわ)静香(しずか)選手の身体をそる有名な技は？①ミラクル，②月光，③レイバック・イナバウアー（③）
- 急ででこぼこの斜面を滑り降りるモーグル競技。モーグルの語源はノルウェー語で何という言葉？①荒い，②コブ，③斜面（②）

ストレートクイズ

- 笠谷幸生(かさやゆきお)選手らが70m級ジャンプで金銀銅を独占したのは，どこで行われた冬季オリンピック？（札幌；1972年）
- スケートに出場する選手には年齢制限がある。大会前の7月1日で何歳以上？（15歳以上；スピード，ショートトラック，フィギュア共通）
- 2006年と2010年の冬季オリンピックで大活躍したカーリング女子のチームは？（チーム青森）
- フリースタイルスキー女子モーグルで冬季オリンピック日本人女性初の金メダルを獲得した選手は？（里谷多英(さとやたえ)）

運動・スポーツ

18 パラリンピック

いちおし問題

車いすテニスと一般のテニスとのルールの違いは？①コートが狭い，②打つまで，2回のバウンドが認められる，③ボールが大きい（②）　　※3択クイズ

○×クイズ

- パラリンピックは夏と冬とそれぞれオリンピックと同じ年に開催される。（○）
- パラリンピックの開催都市は，オリンピックの開催都市とは関係がない。（×；一緒）
- 聴覚障害者のための国際総合競技大会をデフリンピックという。（○；4年に1回開催）

＊（　）は，正解。

- 日本ではまだパラリンピックは開催されたことがない。（×；夏が東京＜1964年＞，冬が長野＜1998年＞で開催）

3択クイズ

- パラリンピックはもともと何のために開催された？①戦争で負傷した戦士のためのリハビリテーション，②身体障害者のスポーツ大会，③国際連合のイベント（①）
- 夏季パラリンピックの正式種目で，ボールを使う種目は？①車いす卓球，②車いすアイスホッケー，③車いすバスケットボール（③）
- 夏季パラリンピックの正式種目で，座ったまま行う球技は何？①シッティング卓球，②シッティングサッカー，③シッティングバレーボール（③）
- 車いすバスケットボールとも言われるウィルチェアーラグビーについての説明で間違っているのはどれ？①いすホッケーの要素も取り入れてある，②カナダで考えられた，③車いすをぶつけると反則になる（③）

ストレートクイズ

- パラリンピックのシンボルカラーは，赤・緑・青。赤色は心。緑が身体。青は何？（精神）
- パラリンピックを短く何ということがある？（パラ五輪）
- 知的発達障害のある人たちの自立や社会参加を目的とする国際的スポーツ組織のことを何という？（スペシャルオリンピックス）

運動・スポーツ

⓳ 大相撲

いちおし問題

この姿勢の名前と意味は？（そんきょ；気を静める）

✿ ストレートクイズ

○×クイズ

- 相撲をとる前に，口を清める水のことを雷水と言う。（×；力水）
- プロの力士になるためには，身長 173 cm，体重 75 kg 以上でなければならない。（○）
- 力士の位で一番上は，大関である。（×；横綱）
- 大相撲が開催されるのは，すべて奇数の月である。（○）

＊（　）は，正解。

- 大相撲は，一場所 17 日である。（×；15 日）

3択クイズ

- 小学生の競技会で使われる土俵の直径は？① 3 m 30 cm，② 4 m 10 cm，③ 4 m 55 cm（①；大人は 4 m 55 cm）
- 土俵の吊り屋根に青，赤，白，黒の飾り（房）がついている。白が表しているのは何？①南，②秋，③勇気（②）
- 大相撲が始まったのはいつ？①奈良時代，②安土桃山時代，③江戸時代（③）
- 58 代横綱千代の富士は，何と呼ばれた？①タイガー，②シャーク，③ウルフ（③）
- 東京の両国にある大相撲が開催される場所を何と呼ぶ？①国技館，②武道館，③東京ドーム（①）

ストレートクイズ

- 大相撲で最も長い 69 連勝の記録を持つ 35 代横綱は誰？（双葉山）
- 大関，関脇，小結のことを何と呼ぶ？（三役）
- まるまる太っている力士のことを何と呼ぶ？（あんこ）
- 力士が食べる鍋料理のことを何と呼ぶ？（ちゃんこ）
- 平幕力士が横綱に勝つことを，何星をとったという？（金星）
- 大相撲地方巡業の主催者のことを何という？（勧進元）
- 相撲の基本の技は，突き倒し，押し出し，押し倒し，寄り切り，寄り倒し，浴びせ倒しと何？（突き出し）

運動・スポーツ

20 高校野球甲子園大会

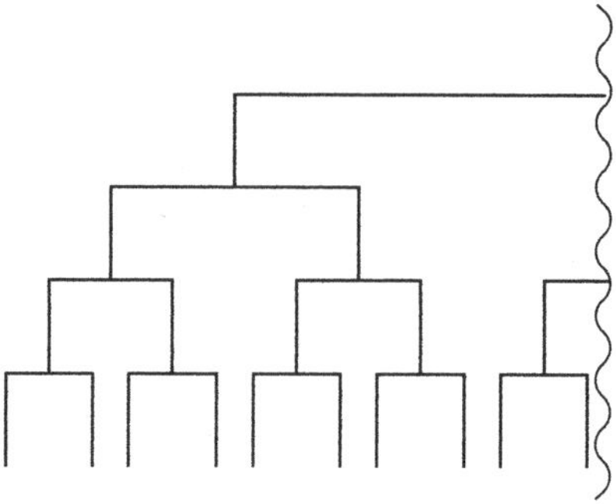

いちおし問題

春の甲子園は，32 チームが参加して，トーナメント方式で開催されます。全部で試合は何試合あるでしょうか。（31 試合）

✻ ストレートクイズ

○×クイズ

- 夏の甲子園大会で最も多く優勝している都道府県は，東京都である。（×；大阪府 10 回。愛知県 8 回，東京都は 6 回）
- 台湾の高校が夏の甲子園大会で準優勝したことがある。（○；嘉義農林（かぎのうりん）。戦前は，日本領の高校も出場していた）
- 夏の甲子園大会は，高野連と毎日新聞の主催である。（×；春が高野連と毎日新聞社，夏が高野連と朝日新聞社の主催）

＊（ ）は，正解。

- 甲子園球場は，日本の野球場で収容人数が一番多い。（○）

3択クイズ

- 1人の選手が，春と夏の甲子園大会に参加できるのは，最大何回？①4回，②5回，③6回（②）
- 全国高等学校野球大会の歌として知られる楽曲は？①栄冠は君に輝く，②私を球場に連れて行って，③青空（①；1948年発表，加賀大介作詞，古関裕而(こせきゆうじ)作曲）
- 夏の甲子園大会に最も多く出場している高校は？①天理，②仙台育英，③松商学園（③；35回）
- 甲子園の土に現在は使われていないのは？①中国福建省の白土，②鹿児島の黒土，③淡路島の土（③）
- 夏の甲子園の優勝旗のことを通称で何という？①大紫紺旗(だいしこんき)，②深紅の優勝旗，③飛球の旗（②；①は春の甲子園，③は全国高等学校ラグビーフットボール大会の優勝旗）

ストレートクイズ

- 1992年の夏の甲子園大会で，5打席連続で四球を受けた選手は？（松井秀喜(まついひでき)）
- 甲子園球場にある東スタンドと西スタンドを何という？（アルプススタンド；甲子園でしか使わない）
- 春の選抜で最多の4回優勝を経験している中京大中京(ちゅうきょうだいちゅうきょう)と東邦(とうほう)は，どちらも何県にある？（愛知県）
- 甲子園球場は，プロ野球のどの球団の本拠地として使われている？（阪神タイガース）

21 Jリーグ

＊ボールを地面につかないように蹴ったり，ヘディングを続けることをリフティングという。

いちおし問題

三浦知良選手（横浜フットボールクラブ）は，子どもの頃，何回リフティングができたか。（6000回）

❈ ストレートクイズ

○×クイズ

- 日本プロサッカーリーグのことを略してNリーグという。（×；Jリーグ）
- Jリーグは1946年に始まった。（×：1993年）
- 中山雅史（ゴン）は，2009年時点で，Jリーグで史上ただ一人，2回得点王になった選手である。（○）

- ベストイレブンに最も多く選ばれている選手は，外国人選手である。（×；遠藤保仁(えんどうやすひと)，7回）

3択クイズ

- J1のことを正式には何という？①Jリーグファーストクラス，②Jリーグ1部リーグ，③Jリーグディビジョン1（③）
- J1とJ2合わせて37チームの本拠地は，いくつの都道府県にある？①19，②27，③33（②；2010年）
- Jリーグがサッカーを核に地域のスポーツ文化の確立を目指し立てた計画を何という？①Jリーグ未来構想，②Jリーグドリームプログラム，③Jリーグ百年構想（③）
- J1の優勝賞金はいくら？①7000万円，②1億5000万円，③2億円（③）
- 日産スタジアムの収容人数は？①72370人，②92541人，③115488人（①）

ストレートクイズ

- 1999年元日，天皇杯決勝戦が最後の試合になったJリーグのチームは？（横浜フリューゲルス）
- 2009年時点で，J1で，優勝回数が一番多いのはどのチーム？（鹿島アントラーズ；7回）
- 本拠地が同じ都道府県だったり，九州同士のように同じ地域であるチームの対戦を何と呼ぶ？（ダービー）
- キングカズといえば誰？（三浦知良）

運動・スポーツ

22 プロ野球

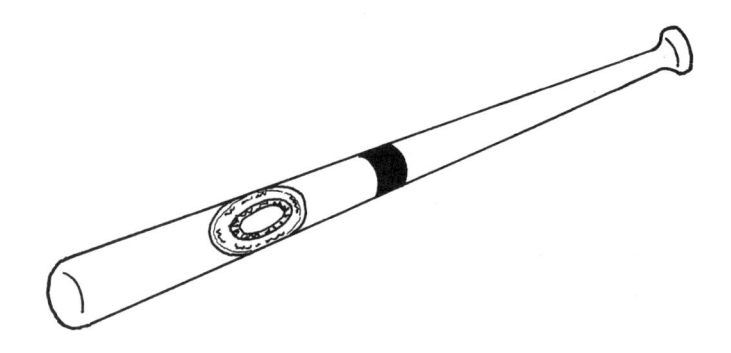

いちおし問題
日本のプロ野球で認められていないバットの色は？①淡い黄色，②黒，③こげ茶色（①；1本の木材から作られた木製のバットのみ可）　　✱ 3択クイズ

○×クイズ
- 東京ドームは東京都，甲子園球場は大阪府にある。（×；甲子園球場は兵庫県）
- 日本プロ野球のホームラン最多記録868本は巨人軍の選手だった王貞治が記録している。（○；世界記録でもある）
- 阪神タイガースのロゴマークの虎は，向かって左を向いている。（×；向かって右を向いている）

＊（　）は，正解。

- セ・リーグとパ・リーグは男性しか登録できない。（×）

3択クイズ

- セ・リーグは正式には何という？①セバスチャン・リーグ，②セカンド・リーグ，③セントラル・リーグ（③；パ・リーグはパシフィック・リーグ）
- パ・リーグのチームではないのは？①横浜ベイスターズ，②オリックス・バッファローズ，③北海道日本ハムファイターズ（①）
- ワンシーズン打点210点の日本記録を持つ選手は？①張本(はりもと)勲(いさお)，②イチロー，③清原和博(きよはらかずひろ)（②）
- パ・リーグで優勝回数が一番多いチームは？①埼玉西武ライオンズ，②東北楽天ゴールデンイーグルス，③福岡ソフトバンクホークス（①；21回，西鉄ライオンズ時代を含む）
- 東北楽天ゴールデンイーグルスの本拠地はどこにある？①秋田市，②新潟市，③仙台市（③）
- パシフィック・リーグは，前は何という名前だった？①大西洋野球連盟，②日本海野球連盟，③太平洋野球連盟（③；太平洋は the Pacific Ocean）

ストレートクイズ

- セ・リーグとパ・リーグ，合わせて何チーム？（12チーム）
- ファーム（二軍）は，イースタンリーグと何リーグに分かれて試合をする？（ウエスタンリーグ）
- マンガ『巨人の星』の主人公は？（星飛雄馬(ほしひゅうま)）

運動・スポーツ

㉓ いろいろなスポーツ

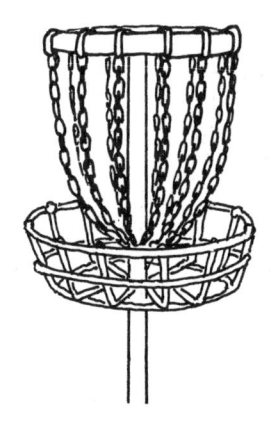

いちおし問題

この道具が使われるスポーツは？①ディスクゴルフ，②バスケットゴルフ，③スカイゴルフ（①） ❋ 3択クイズ

○×クイズ

- ビーチハンドボールでは，靴をはいて試合をすることがルールで決められている。（×；裸足と決められている）
- フィンスイミングには，足ひれをつけて競争する競技がある。（○）
- カーリングに似たスポーツに，目標の木製球に自分の鉄球を近づけるペタンクがある。（○）

*（　）は，正解。
- 水難事故の救助技術を競うスポーツであるライフセービングは海で行われる。（×；プールと海で開催）

3択クイズ

- 国際スポーツ連盟連合に参加している競技・種目のうち，オリンピックで実施されていない競技だけで開催されるスポーツ競技大会は何？①セカンドオリンピック，②ワールドゲームズ，③スーパーオリンピック（②）
- ワールドゲームズが2001年に開催された日本の都市はどこ？①札幌，②奈良，③秋田（③）
- 水上の格闘技といわれるカヌーポロは，ハンドボールと何を合わせたような種目？①バスケットボール，②ドッジボール，③サッカー（①）
- ワールドゲームズの種目でオリンピック種目になったのは？①ドラゴンボートレース，②水上スキー，③トランポリン（③）

ストレートクイズ

- バレーボールに似ているスポーツで，片手のこぶしでボールを打つスポーツといえば何？（ファウストボール）
- 漢字で十柱戯（じっちゅうぎ）と書くスポーツは？（ボーリング）
- 「足のバレーボール」とも呼ばれる，ボールを足や頭で相手コートに蹴（け）り入れる，東南アジアで生まれた球技は何？（セパタクロー）
- キュースティックでボールをつく種目は？（ビリヤード）

24 心と身体の発達

いちおし問題

牛乳，小魚，チーズに多く含まれる栄養素は何？（カルシウム）　　　✽ストレートクイズ

○×クイズ

- 心が，子どもからおとなへと成長していく時期を，思春期と呼ぶ。（○）

＊（　）は，正解。
- 不安な気持ちでも，人に相談しないほうがよい。（×）
- 身体を作るもとになるものを多く含む栄養素は，カルシウムである。（× ; たんぱくしつ）
- 女子は皮下しぼうがつき，ふっくらとした丸みのある身体になっていく。（○）

3択クイズ

- ストレスを減らす方法として間違っているものは？①問題を解決する方法を考える，②スポーツなどで気分転換をする，③人が嫌がることをわざとする（③）
- うれしい，悲しい，楽しいというような気持ちのことを漢字2文字で何という？①感情，②希望，③発達（①）
- 骨や歯を作るもとになるものは何？①ビタミン，②たんぱくしつ，③カルシウム（③）
- 男子ががっちりとした体つきになるのは，何が発達するから？①へんとうせん，②筋肉，③頭蓋骨（②）
- 男子の精子が作られるのはどこ？①胃，②精巣，③卵巣（②）
- 卵子の直径は約何mm？①0.002mm，②0.14mm，③4mm（②）

ストレートクイズ

- トマトやかぼちゃ，キャベツなどに多く含まれる栄養素は何？（ビタミン）
- 女子の卵巣で月に1回作られ，子宮に送られるのは何？（卵子）

25 けがの防止と手当て

いちおし問題

交通記号の意味は？（A；横断歩道，B；歩行者横断禁止，C；自転車通行止め）　❈ストレートクイズ

○×クイズ

- けがをした友達の血液がついたティッシュを素手で拾って捨ててあげた。（×；人の血液には触れない）
- ボールが道路に転がったら，すぐに道路に飛び出してボールをとる。（×）
- すりむいたのできれいな水で汚れを落とした。（○）
- 目にごみが入ったので，洗面器のきれいな水の中で，目をぱちぱちしてごみを落とした。（○）

*（　）は，正解。

3択クイズ

- 学校でのけがで，一番多いのは何？①すり傷・打ぼく，②骨折，③ねんざ（①）
- 学校でのけがは，いつが一番多い？①図工の時間，②登下校の時間，③休憩時間（③）
- 学校でのけがは，どこですることが多い？①ろうか，②校庭・運動場，③体育館（②）
- ねんざをした部分の手当てで間違っているのは？①あたためる，②高くする，③動かさないで静かにする（①；冷やす）
- 鼻血が出たら，どうする？①鼻をつまんでじっとする，②首のうしろをたたく，③上を向く（①；②と③はしてはいけないこと）
- つき指をした時の手当てで正しいのはどれ？①引っぱる，②すぐに冷やす，③消毒する（②；①はしてはいけないこと）

ストレートクイズ

- 軽いやけどをしたらまず何をする？（冷たい水で痛みがなくなるまで冷やす）
- 傷口にあてたガーゼが動かないように巻く長いものは何？（包帯）
- 10歳から14歳の事故死の原因で一番多いのは何？（交通事故）

㉖ 病気の予防

いちおし問題

熱中症は，建物の中ではならないので，暑い日は室内で思いっきり遊んだほうがよい。（×）　❋ ○×クイズ

○×クイズ

- 水できれいに手を洗えば，ばいきんはなくなる。（×）
- 部屋を閉め切ってストーブをたくと健康にもよい。（×）
- ゲームは，うす暗い部屋でするほうが集中できて健康にもよい。（×）
- 昼間，家にいる時は電気はつけず，直接日光があたる場所

＊（　）は，正解。

で本を読むほうが節約にもなりよい。（×）
- 睡眠不足は病気になる原因の一つである。（○）

3択クイズ

- 健康のために大切なのは，食事と休養・睡眠と何？①運動，②宿題，③夜ふかし（①）
- 歯ぐきの病気は何？①むし歯，②肥満，③歯周病(ししゅうびょう)（③）
- 日本人の死亡の原因で一番多いのは何？①心臓病，②がん，③脳卒中（②）
- 手をていねいに洗う，新鮮な食材を使う，調理した後はなるべく早く食べる。これは何の病気の予防と関係がある？①頭痛，②骨折，③食中毒（③）
- せきりきんやO-157は，身体のどこに入る？①心臓，②胃や腸，③脳（②）
- 次の中で病気の原因になるものはどれ？①甘いものをたくさん食べる，②毎日お風呂に入る，③野菜をたっぷり食べる（①）

ストレートクイズ

- 生活の仕方が原因で起こる心臓病や脳卒中などの病気を何という？（生活習慣病）
- 何かの病気にならないように，前もってする注射のことを何という？（予防注射）
- 朝食をとらないと，何が上がらないので，脳が十分に働かないといわれている？（体温）

保健

27 インフルエンザ

いちおし問題
周りの人にうつさないようにマスクをすることを何という？（咳エチケット）　✳ストレートクイズ

○×クイズ
- インフルエンザは風邪の一つで，まったく心配する必要のない病気である。（×）
- インフルエンザの語源は，イタリア語である。（○）
- 湿度が高いとインフルエンザにかかりやすくなる。（×；空気が乾燥するとかかりやすくなる）
- 普通の風邪より，インフルエンザのほうが熱が高いことが多い。（○）

＊（　）は，正解。

3択クイズ

- インフルエンザを日本語では何という？①流行性炎座，②流行性感冒，③流行性風邪（②）
- 1918年頃に流行し，多くの犠牲者を出したインフルエンザを何という？①スペイン風邪，②リンゴ風邪，③地中海風邪（①；6億人が感染し，4000万人以上が死亡したといわれる）
- インフルエンザという言葉のもともとの意味は？①重病，②細菌，③影響（③；星の「影響」による病気と考えられていた）
- 学校保健法では，インフルエンザにかかり，熱が下がってから何日過ぎたら学校に登校してもよいと決めてある？①1日，②2日，③3日（②）
- インフルエンザにかかった時にしたほうがよいのはどれ？①水分補給をする，②病院には行かずに家でじっと寝ている，③運動をして体力をつける（①）

ストレートクイズ

- 外出する時にしたほうがよいのは？（マスク）
- 鼻水やたんなどのついたティッシュは，どんなゴミ箱に捨てたほうがよい？（ふたつきのごみ箱）
- すぐできるインフルエンザを予防する方法を3つ答えましょう（マスクをする，人ごみに出かけない，外出から戻ってきたらすぐうがいをする，睡眠時間をたっぷりとるなど）

28 たばこ・お酒・薬物乱用

いちおし問題

たばこは，吸う人には害があるが，近くにいる人が煙を吸ってもほとんど害はない。（×；煙を吸うと害がある）
❋ ○×クイズ

○×クイズ

- たばこは，やめようと思ったら簡単にやめることができる。（×；ニコチンに依存性がある）
- たくさんのお酒を一度に飲むと，急性アルコール中毒を起こして，死ぬこともある。（○）
- シンナーを乱用すると脳が小さくなることもある。（○）
- たばこを吸い続けると，肺が少しずつ白くなっていくこと

＊（　）は，正解。

が分かっている。（×；黒くなる）

3択クイズ

- たばこが，身体に与える影響で間違っているのはどれ？①食欲がなくなる，②めまいがする，③骨が折れやすくなる（③）
- お酒の主な成分で，脳の働きなどに影響を与えるのは何？①エチルアルコール，②メチルアルコール，③ホワイトアルコール（①）
- 急性アルコール中毒により救急車で運ばれた人は，2003年度，全国で何人いるか？①約8000人，②約1万人，③約1万5000人（③）
- シンナーなどの薬物を使うと，何度もくり返し使いたくなる。そのことを何という？①依存症，②反復性，③注意不足（①）
- 違法な薬物である覚醒剤を持っていると，どう罰せられるか？①持っているだけでは何も罰せられない，②1gまでなら罰せられない，③量に関係なく，ほんの少し持っていても罰せられる（③）

ストレートクイズ

- たばこの煙の中にある有害物質で，発がん性物質をたくさん含んでいるのは？（タール）
- 日本の法律では，お酒を飲むことと，たばこを吸うことを何歳になるまで禁止している？（20歳）

保健

29 エイズ

いちおし問題
エイズに対する理解と支援を行う運動のことを何という？①レッドリボン運動，②イエローリボン運動，③ブルーリボン運動（①）　　❋3択クイズ

○×クイズ
- エイズはHIV（エイズウイルス）に感染して起こる病気です。このHIVは，感染する力がとても強い。（×）
- 蚊にさされてHIVに感染することがある。（×）
- HIV感染者もエイズ患者も増え続けている。（○）
- HIVに感染しているかどうかの検査は，運転免許証など

＊（　）は，正解。

の身分証明書を持っていく必要がある。（×；匿名可）
- HIVのHは，humanで人の意味である。（○；Human Immunodeficiency Virus＜ヒト免疫不全ウイルス＞）

3択クイズ
- エイズの感染経路には，性的接触，血液感染ともう一つ何がある？①母子感染，②空気感染，③プールや海の水による感染（①；母親が感染していると，妊娠や出産や授乳の過程で感染することがある。これを母子感染という。②，③では感染しない）
- HIVの性質として間違っているのは？①熱に弱い，②空気中でも1日は生きている，③消毒薬で死ぬ（②：血液中などでなければ，生きられない）
- HIVに感染した後，実際に発病するまで，およそどれぐらいといわれている？①3ヶ月，②5年，③10年（③）

ストレートクイズ
- エイズにかかると，人間の本来持っている力のうち，何が弱まるといわれている？（抵抗力，免疫力）
- 世界中でいろいろなイベントが開かれる世界エイズデーは何月何日？（12月1日）
- HIVを死滅させる特効薬はある？（ない）
- 少年時代の写真絵本や，来日した時の日記などで知られる，HIVに感染したアメリカ人少年の名前は？（ジョナサン・スウェイン）

保健

参考文献

- 満薗 文博著『オリンピック面白雑学』(心交社)
- 日本博学倶楽部著『「話のネタ」のタネ500』(PHP研究所)
- エンサイクロネット編『今さら他人には聞けない疑問〔パートⅡ〕550』(光文社)
- 大修館書店編集部編『最新スポーツルール百科〈2009〉』(大修館書店)
- Jリーグ選手協会編『サッカーの贈り物』(論創社)
- 各スポーツ団体公式ホームページ
- 日本オリンピック委員会(JOC)ホームページ
- 日本障害者スポーツ協会ホームページ
- フリー百科事典『ウィキペディア(Wikipedia)』

著者紹介

● **蔵満逸司**

1961年鹿児島県生まれ。現在南さつま市立加世田小学校勤務。授業づくりネットワーク，日本LD学会などに所属。

著書に『授業のアイデア1・2年』（ひまわり社），『奄美まるごと小百科』『奄美食紀行』『奄美もの知りクイズ350問』『鹿児島もの知りクイズ350問』（南方新社），共著に『42の出題パターンで楽しむ痛快社会科クイズ608』（黎明書房），出演DVDに『実践！ミニネタアイディア集算数編2巻』『演劇・パフォーマンス系導入パターン』（ジャパンライム社）がある。

● **中村健一**

1970年山口県生まれ。現在山口県岩国市立平田小学校勤務。授業づくりネットワーク，お笑い教師同盟などに所属。

著書に『子どもも先生も思いっきり笑える73のネタ大放出！』（黎明書房），共著に『42の出題パターンで楽しむ痛快社会科クイズ608』『42の出題パターンで楽しむ痛快理科クイズ660』（黎明書房），編著に『思いっきり笑える爆笑クラスの作り方12カ月』（黎明書房）がある。

＊イラスト：岡崎園子

クイズの出し方大辞典付き　笑って楽しむ体育クイズ417

2010年7月25日　初版発行

著　者	蔵満　逸司
	中村　健一
発行者	武馬　久仁裕
印　刷	株式会社　太洋社
製　本	株式会社　太洋社

発　行　所　　株式会社　黎明書房

〒460-0002　名古屋市中区丸の内3-6-27　EBSビル
☎052-962-3045　FAX052-951-9065　振替・00880-1-59001
〒101-0051　東京連絡所・千代田区神田神保町1-32-2
　　　　　　南部ビル302号　☎03-3268-3470

落丁本・乱丁本はお取替します　　ISBN978-4-654-00317-4
ⒸI. Kuramitsu & K. Nakamura 2010, Printed in Japan

知っておきたい
スポーツ・心・体の大切な話 36
A5判・160頁　1600円

新畑茂充著　1月から12月までの健康・体力づくり　NHKラジオ「おはよう中国」で放送された，「夏ばて解消法」「メンタルトレーニングで健康管理」など，1年間の健康・体力づくりに役立つ36話。

改訂版
知っているときっと役に立つ体育の話 36
四六判・228頁　1800円

橋本名正・舟橋明男著　「からだと運動の関係」をわかりやすく解き明かし，子どもの保健体育への興味を高める36話を紹介。教師，スポーツ指導者必携の書。なぜかな？　プールで浮く人沈む人／他。

知っているときっと役に立つスポーツ指導の名言
四六判・167頁　1600円

舟橋明男・福田光洋著　「運動の前には冷水を一杯飲め」「体力は疲れたあとに，つくられる」など，スポーツ科学に基づいた的確な指導方法を47項目紹介。『スポーツ指導いろはカルタ』新装・改題。

人気教師の体育・図工の仕事術 46
A5判・103頁　1700円

松本格之祐・宮坂元裕著　魅力的な授業づくりの技を体育，図工23ずつイラストを交えて紹介。逆上がりにつながる運動とその指導／楽しく持久走／あたたかい色，さむい色の表し方を学ぼう／他。

小学校体育の教材・指導事例集
B5判・106頁　2000円

愛知教育大学体育学会編著　基本の運動，ゲーム，体つくり運動，器械運動，陸上運動，水泳，ボール運動，表現運動の8領域，26種目の授業づくりに役立つポイント，指導へのアドバイスを紹介。

学校水泳の
安全・衛生管理と指導の実際 Q&A
B5判・110頁　2000円

渡邊義行著　小・中学校教員，約200名に学校水泳の「現場で困っていること」「苦労していること」について尋ねた結果を，81項目の質問に整理し，Q&A形式でわかりやすく答えた関係者必携の書。

表示価格は本体価格です。別途消費税がかかります。